Enid Artursdottir

Kindertagesstätte

Enid Artursdottir

Kindertagesstätte

Konzept & Umsetzung

Trainerverlag

Imprint

Any brand names and product names mentioned in this book are subject to trademark, brand or patent protection and are trademarks or registered trademarks of their respective holders. The use of brand names, product names, common names, trade names, product descriptions etc. even without a particular marking in this work is in no way to be construed to mean that such names may be regarded as unrestricted in respect of trademark and brand protection legislation and could thus be used by anyone.

Cover image: www.ingimage.com

Publisher:
Der Trainerverlag
is a trademark of
International Book Market Service Ltd., member of OmniScriptum Publishing Group
17 Meldrum Street, Beau Bassin 71504, Mauritius

Printed at: see last page
ISBN: 978-620-2-49445-8

Copyright © Enid Artursdottir
Copyright © 2019 International Book Market Service Ltd., member of OmniScriptum Publishing Group

Inhaltsverzeichnis:

I. Einstieg:

- was mir rückblickend noch so auf die Schnelle einfällt (die Details sind alle per Mail festgehalten, je mit Datum und Personenangabe usw.) schreibe ich hier nieder …

II. Getränkegeld:

- ich zahle Getränkegeld für zwei Monate im Voraus
- zu Monatsbeginn für meine Zwillinge in der Kita
- (für ihn seinerzeit noch in seiner ehemaligen Gruppe,
- für sie schon in der neuen Gruppe)
- vermutlich wurde es einfach nur nicht eingetragen
- (ich habe es nicht kontrolliert)
- dann erhalte ich eine Abmahnung in der Kita
- von der neuen Gruppe
- ich möge bitte das Getränkegeld bezahlen
- ich sage Bescheid
- dass ich dies längst schon getan hätte
- nein

- es gäbe keine Eintragung dazu
- ich gehe zur ehemaligen Gruppe
- und erkundige mich
- ob dort wenigstens die Eintragung vollzogen wurde
- dort hat es zum Glück geklappt
- ich schaue zu Hause in meinen Eintragungen nach
- dort finde ich die (Bargeld!) Zahlungen
- vermerkt mit Datum von Monatsanfang
- ich rufe in der Kita an
- und teile dies der Einrichtungsleitung telefonisch mit
- ich solle das mit der Gruppe klären
- anderen Tags teile ich dies in der Gruppe mit
- nein
- dies könne nicht sein
- es gäbe keine Eintragung für die beiden Monate

- ich solle den vollen Betrag zahlen
- ich erinnere daran, diesen bereits entrichtet zu haben
- fragen Sie in der ehemaligen Gruppe nach
- ich zahle IMMER für zwei Monate im Voraus
- parallel für beide Kinder
- ich habe den Betrag bezahlt
- dann heißt es, dies müsse zunächst besprochen werden
- ich bekäme Bescheid
- einen Tag später erfahre ich dann
- man habe sich entschieden die Kasse zu prüfen
- wenn die Kasse korrekt wäre
- also die Summe in der Kasse
- mit den Aufzeichnungen übereinstimmen würde
- dann müsste ich den vollen Betrag bezahlen
- ich bangte weiterhin

- insgesamt habe ich ca. 3-4 Tage (oder länger) warten müssen
- auf das "Ergebnis" dieser Kassenprüfung
- ich habe wiederholt nachgefragt
- ob die Gruppenleitung denn schon die Kasse geprüft habe
- nein
- noch nicht
- ich müsse warten
- ich fragte vereinzelt in anderen Gruppen nach
- ob das Ergebnis schon vorliegen würde
- nein
- ich hätte gefälligst auf die Gruppenleiterin zu warten
- dann sehe ich die Gruppenleiterin im Flur
- und spreche sie an
- sie teilt mir mit
- der entsprechende Betrag sei vollständig in der Kasse

- vermutlich habe da nur jemand (die Kolegin) vergessen
- die beiden Kreuzchen für meine Tochter
- ins Finanzbuch einzutragen
- es war die erste Zahlung für meine Tochter in der neuen Gruppe
- somit müsste es ca. die Zahlung
- für Januar und Februar 2019 gewesen sein
- daraufhin nehme ich mir vor
- jedes Mal dabei zu bleiben
- bis ich mit eigenen Augen gesehen habe
- dass die das Bargeld in Empfang nehmende Erzieherin
- ein jeweiliges Kreuzchen
- hinter den Namen meiner Kinder
- in das jeweilige Buch auch tatsächlich
- einzutragen in der Lage ist
- durch diese Hinhaltepraxis suggerierte man mir

- zu Recht "verdächtigt" zu werden
- gar eine "Betrügerin" zu sein
- aber ich wollte nicht einfach
- den gesamten Betrag ein weiteres Mal zahlen
- da ich diesen bereits in voller Summe geleistet hatte

<u>III.</u> <u>Windelkapazität:</u>

- dann die Geschichte

- mit den angeblich zu kleinen Windeln meines Sohnes
- ich komme zur Abholung meiner Kinder
- jeden Tag zur Haupttür des Gebäudes herein
- und sehe als Allererstes regelmäßig
- am Kleiderhaken meines Sohnes Mülltüten hängen
- (im Jahr davor auch noch am Haken meiner Tochter)
- In den zugeknoteten Mülltüten befindet sich
- die gesamte „Piss- oder gar Kack-Wäsche“ der Kinder
- ich frage mich, wie es kommen kann
- dass sich die Kinder täglich wiederholend "einpissen"
- (später eben dann nur noch ein Kind)

- anstatt eine Antwort zu erhalten
- werde ich von der Erzieherin blöd angequatscht
- ich solle dafür sorgen
- dass mein Sohn GROSSE Windeln trage
- die bisherigen seien zu klein
- somit sei ich quasi "selbst schuld" daran
- dass mein Sohn täglich alles vollpisse
- oder er gar "auslaufe" und "überquelle"
- als Mutter wäre ich quasi pädagogisch zu unqualifiziert
- meinem Kind die passenden Windeln zu besorgen
- Bemerkung am Rande:
- die täglichen Pissbeutel bedeuten für mich
- tägliches Wäschewaschen
- (Dauer: knapp 3 Stunden Hygieneprogramm)
- im Anschluss an die Kita

- danach am Nachmittag oder Abend die Wäsche aufhängen
- den ganzen Abend und die ganze Nacht hindurch
- Wäsche trocknen
- morgens schnell die Wäsche wieder zusammenfalten usw.
- damit ich früh morgens zur Abfahrt Richtung Kita um ca. 8 Uhr
- die "Wechselwäsche" wieder parat habe
- für die sich ewig wiederholende Auffüllung
- des stets neu zu füllenden "Wechselwäschebeutels"
- um dann mittags oder nachmittags das selbe Spiel zu wiederholen
- da ich ja eh nichts besseres zu tun habe
- als die "Scheiße" aus der Kita auszubaden
- (Ende der Bemerkung)
- daraufhin überprüfe ich
- die Größenangaben der Windeln genauer
- lese die Kilogramm-Angaben durch

- und vergleiche diese mit dem Körpergewicht meiner Kinder
- um dann feststellen zu müssen
- dass die Windeln in jeder Hinsicht
- der Körpergröße bzw. dem Gewicht des Kindes entspricht
- es entsteht der Eindruck
- die Erzieherin ist als Anfängerin einfach überfordert
- damit, ca. 15 kleine Hosenpisser so zu betreuen
- dass sie nicht alle aus- oder überlaufen
- vielleicht gibt es aber auch eine Rangfolge unter den Kindern
- der kleine S. wird besser betreut
- er kriegt immer eine Extraabordnung
- zum Pipimachengehen usw. zur Verfügung gestellt
- schließlich kommt er auch mit namhaften Turnschuhen
- einem Fußballtrikot
- einer ultrateuren Lederjacke

- und anderen Markenklamotten zur Kindertagesstätte
- friseurtechnisch stets professionell gestylt
- als wäre tägliches Fotoshooting in der Kita angesagt
- wie seine beiden Elternteile auch
- vielleicht denkt man sich ja in der Kita:
- die Tuss muss eh waschen
- dann kommt es auf die paar Pissbeutel
- mehr oder weniger eh nicht an
- soll sie doch mal Wäsche waschen
- bzw. lassen wir sie doch mal die Wäsche waschen

IV. Kleidervorschrift:

- zum Thema Kleidung bzw. Wäsche

- gibt es aber noch ganz viele andere Dinge mitzuteilen
- nämlich die ständigen Beschwerden darüber
- dass meine Tochter auf dem Pulli einen Ketchup-Fleck
- oder sonst irgendeine Schmiererei habe
- meist vom Mittagessen in der Kita
- dann gibt es vorübergehend die Lösung
- dass ich für beide Kinder "Schlabberlätzchen" mitbringe
- mit dem Ergebnis
- dass diese dann täglich besudelt sind
- und sie mit nach Hause müssen
- um gewaschen zu werden

- vielleicht sollte man bei der Erziehung
- der Kinder zu korrektem Essen
- auch einmal darauf hinweisen
- dass das Essen in den Mund
- und nicht auf den Pullover gehört
- da sonst die Kinder innerhalb des Kindergartens
- mit Diskriminierungen zu rechnen haben
- die betreuenden Eltern evtl. auch
- wenn ihre Kinder nicht aufgebretzelt
- und geschminkt zur Kita kommen
- mit B., M. oder W. vorgefahren werden
- und von modisch hippen stylischen Leuten
- makellos lächelnd
- an die freundlichen Kindergarten-Erzieherinnen
- übergeben werden

- wie sterile stets ablichtbare Sachgegenstände.

V. Wechselwäsche:

- zum Thema Wäsche bzw. Wechselwäsche

- gab es auch noch einen Vorfall in der neuen Gruppe
- da hatte ich einen großen Zettel
- am Fach meiner Tochter kleben
- ich solle dringend den Wechselwäschebeutel
- mit Wechselwäsche füllen
- dann schaue ich in den Wechselwäschebeutel
- darin befindet sich
- die vollständig angeforderte Wechselwäsche
- ich bin irritiert
- über diese "kleine" Schikane
- ich teile dies einer der Erzieherinnen der neuen Gruppe mit

- es IST bereits Wäsche im Wechselwäschebeutel
- daraufhin der übliche Satz
- der aus R. stammenden Erzieherin
- „hatte Kollegin nisch gesackt …?“
- (übersetzt:
- „hat die Kollegin Ihnen denn nicht bereits mitgeteilt,
- dass … blabla?).

VI. Reinlichkeit:

- die Thematik der Reinlichkeit ist überhaupt ein sehr großes Thema

- Peinlichkeit und Reinlichkeit folgen einander
- nicht nur in alphabetischer Folge
- sie Worte reimen sich nicht nur
- sie sind sogar thematisch eng miteinander verbunden
- es wurde sogar der Kita-Einrichtungsleiter hinzu gebeten
- als mir die Gruppenleiterin der ehemaligen Gruppe
- nicht alleine mitzuteilen getraute
- dass meine Tochter doch bitte
- keine Flecken auf dem Pulli haben sollte
- in dem Zusammenhang wurde ich sogar
- vom Einrichtungsleiter daran erinnert

- dass es ja einen "Vorfall mit dem bekoteten Body" gegeben hätte
- der mir seinerzeit "Performance-artig" präsentiert wurde
- ich fragte damals
- was dies denn solle
- angeblich sei irgendein plattgedrückter Kackkrümel
- am hinteren Rückenteil vom Body meiner Tochter
- schon im Body gewesen
- BEVOR ich sie zur Kita gebracht hätte
- man wollte mir also unterstellen
- ich sei nicht ordentlich oder reinlich genug
- um mitzubekommen
- wenn mein Kind Scheiße im Body hätte
- was einer derben Dreistigkeit entspricht
- der Kotfitzel kann auch
- jeder anderen Erzieherin oder Auszubildenden in der Kita

- beim Wickeln auf dem Wickeltisch
- bzw. beim Arschabwischen
- vom feuchten Tuch gepurzelt sein
- um anschließend vom Popo meiner Tochter
- an der Rückseite ihres Bodys festgedrückt zu werden
- der Einrichtungsleiter sei schon hinzu gerufen worden
- wenn eine Erzieherin festgestellt habe
- dass der Popo meiner Tochter "wund" war
- was bei ihr damals des Öfteren dann der Fall war
- wenn sie ihren heftigen ätzenden Schiss hatte
- je nachdem welche Speisen
- und in wie großer Menge
- sie diese verzehrt hatte
- dass ich nun auch noch dazu von der Kita-Leitung
- diskriminierend angesprochen werden sollte

- mich somit von hoher Stelle aus maßregeln lassen musste
- hatte ich jedoch nicht erwartet
- als mir die Gruppenleiterin der alten Gruppe mitteilte
- doch einmal mit mir sprechen zu wollen
- da saßen sie also zu zweit
- die Gruppenleiterin
- wagte nicht etwas auszusprechen
- und der Einrichtungsleiter
- haute mich von der Seite an
- während ich mit meiner allerjüngsten Tochter auf dem Stuhl sitze
- und mich gehörig in die Enge getrieben
- und schikaniert fühlte

VII. Infektionsschutz:

- dann gab es noch den Vorfall mit der Autoinspektion
- ich musste die beiden Kindergarten-Kinder (meine Zwillinge)
- mit meinem Wagen
- (tja, nur ein XY
- keine Luxuslimousine
- wie ihn bevorzugt die Kopftuchdamen lenken dürfen)
- zur Kita bringen
- um direkt im Anschluss
- mit meiner jüngsten Tochter
- und dem XY-Wagen
- zum Auto-Händler in die nahegelegene Kreisstadt
- zur Inspektion und zum TÜV und zur HU/AU zu fahren

- dort erhalte ich vorübergehend
- bis zum Abschluss der Inspektion usw.
- einen Leihwagen
- und fahre mit meiner jüngsten Tochter
- in ihrem mit transportierten Kindersitz
- mit der kleinen Quetschbeule
- zu meinem Wohnort zurück
- dort ruft mich dann
- die Gruppenleiterin der ehemaligen Gruppe an
- (dürfte so letztes Jahr Anfang November gewesen sein
- ziemlich genau vor einem Jahr also)
- ich teile ihr mit
- dass mein Auto zur Inspektion sei
- und ich auf den Anruf des Autohauses warte
- welche versprochen hat

- jeden Moment anzurufen
- um mitzuteilen
- dass der Wagen jetzt fertig sei
- um dann gemeinsam
- mit meiner jüngsten Tochter
- und dem Leihwagen
- in die Kreisstadt zu fahren
- und dort mein Auto
- mit den gesammelten Kindersitzen abzuholen
- von dort würde ich dann
- DIREKT im Anschluss
- zur besagten Kindertagesstätte kommen
- um meine Zwillinge abzuholen
- um dann endlich wieder nach Hause fahren zu können
- mein Sohn hatte wohl leichten Schnupfen

- zumindest hätte es der Gruppenleiterin gefallen
- ich hätte die Kinder
- damals noch beide in der alten Gruppe
- aus selbiger Gruppe geholt
- weil sie dann weniger Kinder zu betreuen hätte
- genauso habe ich es dann auch gemacht
- ich raste mit meiner jüngsten Tochter
- in die Kreisstadt zum Autohaus
- ich zahlte dort gehörig Geld für die ganzen Untersuchungen
- kriegte alle Papiere und Rechnungen
- gab den Leihwagen unfallfrei zurück
- setzte mich mit meiner jüngsten Tochter
- mitsamt ihrem Kindersitz ins Auto
- und brauste so schnell es erlaubt war
- von dort aus auf direktem Weg zur Kindertagesstätte

- wo mich ein cholerischer Einrichtungsleiter
- schon im Eingang abfing
- um mich mal eben NIEDER ZU MACHEN
- ich hätte die Kinder SOFORT zu holen gehabt
- ich sagte
- ich bin so schnell gekommen wie es ging
- das hatte ich schon der Gruppenleiterin erklärt
- er sagte
- die Kinder seien eine "Ansteckungsgefahr" für alle
- ich müsse sie sofort holen
- wenn ich angerufen werde
- ich sagte
- ich hatte einen Inspektionstermin
- für meinen Wagen in der Kreisstadt
- ich bin DIREKT von dort hier her gekommen

- früher ging es gar nicht
- ich musste erst den Anruf des Autohauses abwarten
- dass das Auto überhaupt fertig sei
- ich hätte zudem keinen einzigen Kindersitz im Leihauto gehabt
- da sich die Kindersitze in meinem Auto befunden hätten
- welches in besagter Kreisstadt zur Inspektion war
- daraufhin kackt er mich an
- es hätte in der Kita für den Notfall
- durchaus auch aus Kindersitze zum Ausleihen gegeben
- ich war baff
- ich fühlte mich gedemütigt
- als allein erziehende Mutter
- von zwei Zwillingskindern und mit einem Kleinstkind
- mein Sohn hatte lediglich ein Rotznäschen
- aber daraus direkt eine Infektionsgefahr

- für die gesamte Einrichtung heraus zu stilisieren

- und mich derart RUNTER zu putzen

- war in keinerlei Weise angebracht oder gerechtfertigt

VIII. Handypflicht:

- außerdem gab es ja noch einen "running(gag)"
- zum Thema "Handy" und permanente Erreichbarkeit
- wiederholt wurde ich
- von der Einrichtungsleitung darauf angesprochen
- weil ich keine eigene Handy-Nummer angegeben hätte
- ich müsse immerhin stets erreichbar sein
- ich sagte, ich sei in der Regel zu Hause erreichbar
- hätte auch einen Anrufbeantworter
- auf welchem man mir Nachrichten hinterlassen könne
- außerdem hätte der Kindesvater
- gleich zwei Handy-Nummern angegeben
- (eine dienstliche für tagsüber

- und eine private für den Rest der Zeit)
- sodass für den Notfall
- sowieso immer irgendjemand erreichbar sei
- dies wiederholte sich einige Male
- immer mit einer deutlichen Aburteilung der Tatsache
- dass es im dritten Jahrtausend tatsächlich
- noch menschenähnliche Wesen auf dem Planeten Erde gibt
- die sich wagen
- frei und - man höre und staune - OHNE HANDY
- auf offener Straße oder überhaupt im Leben zu befinden
- dies hat der Einrichtungsleiter
- auch stets überdeutlich
- mit Unverständnis und Verurteilung
- zum Ausdruck gebracht
- und daraus keinen Hehl gemacht

- da gibt es wirklich

- weltanschauliche Differenzen

- in Bezug auf die Handy-Verpflichtung deutscher Bundesbürger

- durch dargestellte Kindertagesstätten-Einrichtungs-Leitung

IX. Erreichbarkeit:

- es gab auch Vorfälle
- dass ich zig mal
- die Telefonnummer von der Kita
- auf dem Display hatte
- ohne dass eine Nachricht hinterlassen worden wäre
- sobald ich davon Kenntnis hatte
- (meist habe ich nur darauf geachtet
- ob der AB blinkt
- dieser blinkt nur dann
- wenn sich eine NEUE NACHRICHT
- auf dem AB befindet)
- oftmals musste ich mich dann

- beschimpfen, belehren und ermahnen lasse
- dass ich ja wirklich mal dringend
- darüber nachdenken sollte
- mir nicht DOCH EINMAL
- EIN HANDY anzuschaffen
- um STETS für die Kita erreichbar zu sein
- ich antwortete
- ich SEI ERREICHBAR
- die Reaktion
- (bevorzugt von der
- stellvertretenden Kindertagesstätten-Einrichtungsleitung)
- ja
- aber es könne ja auch jederzeit mal
- ein NOT-FALL eintreten
- bei der man mich dann SOFORT

- erreichen müsse
- jedoch ist bislang
- Gott sei Dank!
- noch nicht ein einziges Mal
- in den beiden letzten Jahren
- je ein derartig stets im Raum stehender
- und fast schon
- (von Seiten der Kita-Leitung)
- herbeigesehnter Notfall eingetreten
- man könnte den Eindruck bekommen
- dass sich die Vor-Urteile auf deren Seite
- allmählich so "verdichtet" haben
- dass man nach einer Möglichkeit suchte
- endlich mal diese Kindesmutter
- mit ihren unkonventionellen

- und unangepassten
- und unkontrollierbaren
- und völlig unüblichen Ansichten
- irgendwie aus dem Verkehr zu ziehen
- vielleicht kam da die Idee
- mit der Entsorgung der Ganztagesplätze
- gerade gut zu Pass ...

X. Geschwisterkinder:

- überhaupt ist die Frau

- ohnehin schon eine seltsame Person
- erstens hat sie da doch tatsächlich
- dieses komische Kind
- das nicht spricht
- das ist ja schon mal eigenartig genug
- die durfte ja auch nicht
- ihrem Alter entsprechend
- rechtzeitig in den "Maxi-Club"
- bzw. in die "Vorschule" gehen
- da sie ja irgendwie "behindert" war
- und anscheinend noch immer ist

- wenn sie dann mal mit zur Kita rein kommt
- dann guckt sie nur grimmig
- und spricht kein Wort,
- grüßt auch nicht
- auch wenn man
- wie die stellvertretende Kindertagesstätten-Einrichtungsleiterin
- es wiederholt getan hat
- immer wieder mal
- "Hallo"
- „Guten Tag“
- oder Ähnliches
- zu ihr sagt
- was ist das denn
- für eine ungezogene und ungehobelte Art
- da ist doch klar

- da kann was nicht stimmen
- "wie der Herr, so´s Gescherr"
- die macht keinen guten Eindruck
- außerdem hat sie noch
- einen Kurzhaarschnitt wie ein Junge
- dann trägt sie auch noch
- so eine Hornbrille
- dann hat sie auch noch
- mehr als einen Ohrring
- an einem Ohr
- dann hat sie auch
- kein Dauergrinsen
- ins Gesicht hinein implantiert
- wie man es sonst so
- von höflichen

- und adretten Geschwisterkindern kennt
- erwartet
- und als gegeben
- bzw. „normal“ voraussetzt

XI. Auffälligkeiten:

- mir wurde auch
- damals hauptsächlich durch die ehemalige Gruppenleiterin
- suggeriert
- ich hätte ja schon so ein Kind
- wie das nochmal hieße
- selektiver Mutismus
- der Junge würde ja auch nicht sprechen
- er würde sich ja auch nicht beteiligen
- wenn andere Kinder was essen würden
- er würde sich ja auch zurück ziehen
- das Mädel würde man auch nicht so gut verstehen
- wenn sie sprechen würde

- er würde auch wenig sagen
- und dann auch noch leise
- mit anderen Worten
- meine Kinder wären vermutlich
- doch der Reihe nach
- bescheuert
- meschugge
- schwerstbehindert
- unterentwickelt
- gestört
- dazu noch seltsam gekleidet
- (meine Tochter hatte auch schon mal
- ein Kleidchen aus den 70er Jahren an
- die einzige
- die dafür im Ansatz Verständnis hatte

- war eine Aushilfe und "Springerin"
- die bei Bedarf mal in Personalengpasszeiten einsprang
- jedoch bekam meine Tochter auch von ihr
- dann regelmäßig zusätzlich zum 70er-Jahre-Kleidchen
- eine Leggins
- oder sonstige zusätzliche Bein-Bekleidung
- über gezogen
- was wirklich "Scheiße" aussah
- aber vermutlich den Konventionen
- mitteleuropäisch-kultivierter
- Mittelschichtsbürger entspricht
- die Sicht auf die Beine
- schön bedeckt zu halten
- insbesondere
- bei einem weiblichen Wesen)

XII. Einkaufsmöglichkeiten:

- die Kindesmutter hat auch noch nie
- Obst für den Obstkorb mitgebracht
- wie es beispielsweise
- die kleine Frau aus fremden Landen stammend
- aktuell im benachbarten Bundesland wohnend
- stets zu tun pflegte
- weil sie von schlechtem Gewissen geplagt wurde
- im Nachbarbundesland
- einen kostenfreien Kita-Platz
- (anfangs waren es sogar zwei Plätze)
- ab zu greifen
- der im eigenen Bundesland

- bei dem Gehalt ihres deutschen Ehemannes
- (er ist angeblich O. von Beruf)
- wohl dementsprechend "teuer" wäre
- teurer zumindest
- als ab und an mal eine Plastikhülle
- voller Himbeeren
- aus dem Billigladen
- welche dann als "edle" Gabe
- in der Kindertagesstätte verabreicht wurde
- bei unserer Erstbegegnung
- prahlte sich auch damit
- bald einen Ganztagesplatz
- für mindestens eine ihrer Töchter
- zugesagt bekommen zu haben
- (vielleicht muss man sich dort

- ja auch "einkaufen"

- und ich habe dieses

- fälschlicherweise

- nicht getan ...)

XIII. Integration:

- das Kind

- welches gerne wiederholt
- mit meiner Tochter spielen möchte
- ist übrigens ganz neu
- in die Kita gekommen
- ich brachte meine Tochter
- an einem Morgen zu ihrer neuen Gruppe
- als der lockige Vater
- sein dunkelhäutiges Töchterchen brachte
- und dort besonders ausführlich
- willkommen geheißen wurde
- (gab es irgendwo

- eine versteckte Kamera
- die aufzeichnet
- wie überschwänglich freundlich
- das Personal
- doch gewissen Wesen begegnet?)
- mir erschien es auf alle Fälle unnatürlich
- und widerte mich auch an
- zudem waren
- weder meine Tochter noch ich
- jemals in dieser neuen Gruppe
- auch nur annähernd
- auf diese Weise
- so überdimensioniert
- empfangen
- und/oder je begrüßt worden

- im Gegenteil
- (die ganzen kleinen Schäbigkeiten
- einer Erzieherin aus einem anderen Herkunftsland
- "HATTE KOLLEGIN NISCH GESAGT!?!" usw.
- habe ich ja im einzelnen aufgeschrieben
- und somit festgehalten ...)
- wie ich neulich also
- von diesem Vater erfuhr
- haben sie auch sofort
- zum Monatsanfang
- einen Ganztagesplatz bekommen
- und sind bislang auch
- nicht ein einziges Mal
- darauf angesprochen worden
- dass dies irgendwie

- auch nur im Ansatz
- "in Frage" stehen könnte
- auch die 6-jährigen
- neu immigrierten
- eineiigen Drillinge haben ja
- unmittelbar nach deren Zuzug aus einer Union
- gemeinsam und zu dritt
- innerhalb der neuen Gruppe
- Einzug halten können
- und dürfen auch zu dritt
- den gesamten Raum bzw. die Gruppe dominieren
- indem sie wie drei Klone
- herum laufen
- und jeweils gleich bis identisch
- gekleidet

- frisiert
- und aufgemacht sind
- bei uns hieß es noch
- Zwillinge sollte man trennen
- aber die "neuen" Zwillinge
- besuchen gemeinsam die XY-Gruppe
- und die künstlich befruchteten Drillinge
- kommen gleich im Dreierpack aus ihrem Heimatland
- in die Gruppe meiner Tochter
- und beanspruchen mit sofortiger Wirkung
- auch die Ganztagesplätze im Mehrlingspaket
- hier eine Vermutung ins Blaue
- vielleicht muss man,
- um vorzeigbar genug zu sein
- auch mindestens

- EINEN "fremdländischen" Elternteil
- vorweisen können
- um in der hochgradig spezialisierten
- Kinder-Tages-Stätte
- Überhaupt auch
- In-te-griert werden
- zu dürfen ...

XIV. Sprachentwicklung:

- der Kindergarten

- hat immerhin
- eine extra Abteilung
- für "Interkulturelles"
- man könnte auch sagen
- dort laufen zwei
- anders-sprachige Ersatzerzieherinnen älteren Datums
- als Integrationsbeauftragte herum
- neuerdings ist das ehemalige Büro des Altbaus
- auch in einen "Entdeckungsraum
- für die große weite Welt" umfunktioniert worden
- neulich saß dort eine der Beauftragten

- mit den drei entsprechenden Drillingen
- an einem Vierertisch
- gibt es dort Nachhilfe
- in der Sprache dieses Landes?
- Nein
- es wird sich auch dort
- ganz offen
- in deren Herkunftssprache unterhalten
- nicht nur einzelne Elternteile
- aus selbigem Sprachraum
- sprechen mit ihren Kindern
- im Privaten
- ihre Muttersprache
- auch auf dem Flur
- und im sog. "Frühstückscafé"

- herrscht mitunter
- die neue dominante Sprache vor
- die Erzieherin der neuen Gruppe
- unterhält sich auch ganz offen
- in ihrer mitgebrachten Sprache
- mit diversen Zöglingen
- in ihrer Gruppe sind immerhin
- und passenderweise
- auch die Drillinge
- aus selbigem Einwanderungsland
- untergebracht
- (S., N. und sonst noch wer) ...

XV. Multikultur:

- dazu passend

- noch ein paar Auffälligkeiten
- an der Eingangstür
- hängt nicht nur
- ein mehrsprachiges Dauerplakat
- für die Briefträger und Paketzusteller
- nein
- dort hängen auch
- wiederholt Aushänge
- für alle Elternteile
- aus sämtlichen Nationen
- ich hab mir die Liste

- einmal genauer angeschaut
- die Sprachen
- an welche ich mich noch erinnere
- sind folgende
- netterweise
- auch noch
- Deutsch
- darüber
- hinaus
- Russisch
- Polnisch
- für einige
- auch
- noch
- Englisch

- hauptsächlich
- dann
- jedoch
- Türkisch
- Arabisch
- und
- vermutlich
- Syrisch
- so darf sich
- jeder
- dort
- willkommen
- heißen
- der die Vielfalt
- der Integration

- zu bereichern
- vermag
- Einheimische
- hat man
- schon genug
- also können
- von denen
- ruhig
- ein paar
- wegbleiben
- warum
- nicht gleich
- die beiden
- Zwillinge?
- die Mutter

- hat eh
- angekreuzt
- dass man
- diese
- NICHT
- in der Zeitung
- ausstellen dürfe
- jetzt
- hat man immerhin
- schon Ersatz-Zwillinge
- zum Vorzeigen
- und sage und staune
- sogar ein Drillingskomplott
- da kann man
- dann ja

- in der Presse
- gleich fünffach
- angeben
- das
- ist ja
- was
- GANZ Besonderes
- …

XVI. Ausstieg:

- Fazit

- die Bezuschussungen
- und Fördergelder
- für Nichteinheimische
- liegen vermutlich
- weit ÜBER denen
- für die Einheimischen
- das würde Vieles
- erklären

***

yes

I **want** morebooks!

Buy your books fast and straightforward online - at one of world's fastest growing online book stores! Environmentally sound due to Print-on-Demand technologies.

Buy your books online at
www.morebooks.shop

Kaufen Sie Ihre Bücher schnell und unkompliziert online – auf einer der am schnellsten wachsenden Buchhandelsplattformen weltweit! Dank Print-On-Demand umwelt- und ressourcenschonend produzi ert.

Bücher schneller online kaufen
www.morebooks.shop

KS OmniScriptum Publishing
Brivibas gatve 197
LV-1039 Riga, Latvia
Telefax: +371 686 204 55

info@omniscriptum.com
www.omniscriptum.com

Printed by Books on Demand GmbH, Norderstedt / Germany